Juegos de Lectura
LECTURA EFICAZ

LUPAS Y NANAI
Un misterio de aire

B Bruño

GRUPO ANAYA

¿A QUÉ JUGAMOS?

2

SALIDA

3

Prepara el juego

PASO **1** Observad la cubierta de vuestro libro *Lupas y Nanai. Un misterio de aire.* Vamos a hablar de ella.

PASO **2** Si pasáis las hojas del cuaderno, veréis que cada actividad es de un color. Eso indica lo que vais a trabajar para mejorar vuestra lectura.

LA COMPRENSIÓN

LAS PALABRAS

LA MEMORIA

LA VISTA

LA ESCUCHA

¿Qué necesitas?

→ Fichas de color para cada jugador.
→ Un dado.

¡ME GUSTA LEER!

1

5

4

Un misterio de aire
LUPAS Y NANAI

Diego Arboleda
Ilustrado por Ana Zurita

ANAYA

1 ¿Cómo se titula el libro?

2 ¿Cómo se llaman los protagonistas de esta historia?

3 Nombra tres objetos que veas en la cubierta.

4 ¿Cómo van vestidos los personajes?

5 ¿De qué crees que trata esta historia?

Las reglas del juego

PASO 1 Organizaos en grupos de tres o cuatro participantes. Uno de vosotros arbitrará el juego y dirá si se cumplen las reglas. ¡Sin trampas!

PASO 2 Colocaos en la casilla de salida. ¿Preparados?

PASO 3 Tirad el dado: sale primero el que saque un número mayor. ¿Todos de acuerdo?

PASO 4 El primer jugador tira el dado y avanza las casillas que indique:

- Si cae en una casilla vacía, pierde la vez. ¡Otra vez será!
- Si cae en una casilla con círculo de color, avanza una casilla más y vuelve a tirar. ¿Recordáis qué indica el color?
- Si cae en una casilla numerada, responde a la pregunta sobre la cubierta del libro y vuelve a tirar.
- Gana quien llegue primero a la meta.

¡Empezamos!

Lee el **capítulo 1** y, después, realiza la actividad.

➡ **Colorea la viñeta correcta.**

1. ¿Dónde estaban la jirafa y el lobo?

2. ¿Qué les dicen los guardias?

3. ¿A quiénes se encontraron en el callejón?

4. ¿Qué les mandaron los cuervos?

 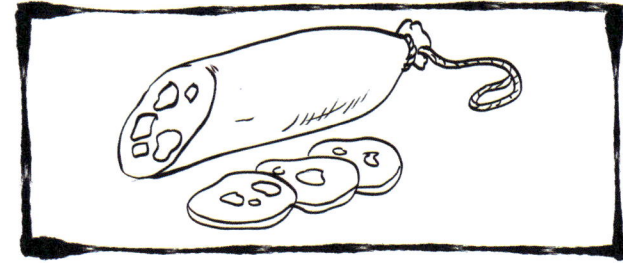

Juega con las palabras

Une cada palabra con su dibujo.

jirafa

lobo

oso

cuervo

muralla

alas

➡ **Completa con dos de las palabras anteriores.**

La Gran _____ de China es muy larga.

El _____ tiene las plumas negras.

Encaja las piezas

Une las sílabas para formar palabras.

LO

CAR

A

O

MU

SO

RO

BO

TA

LAS

Las diferencias

Rodea las seis diferencias que hay entre estos dibujos.

→ Escribe el nombre de dos de los objetos que han cambiado en el dibujo de la derecha.

Letras repetidas

Escribe la letra que se repite en cada pizarra.

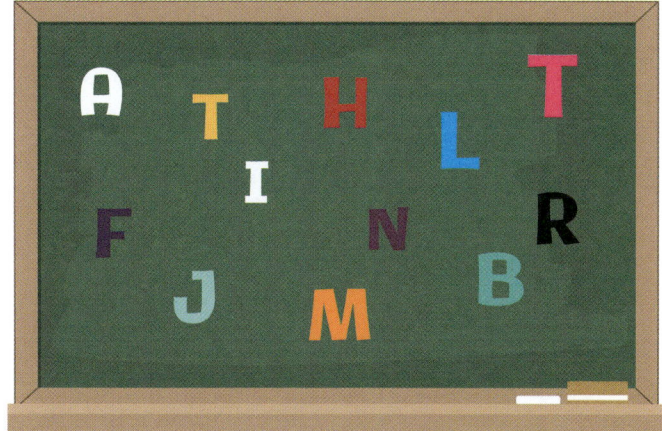

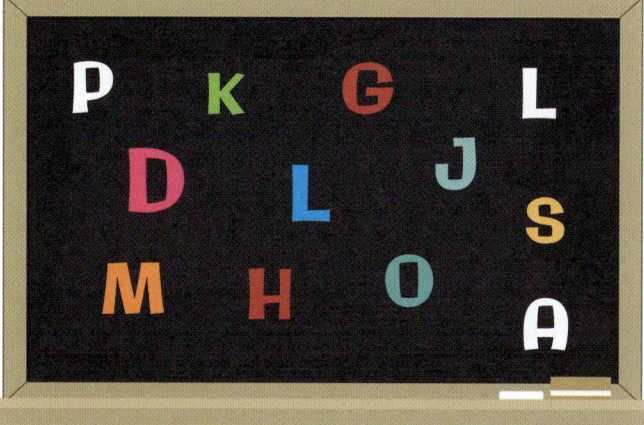

Letra: _____

Letra: _____

Idea principal

Señala la frase que mejor explica el dibujo.

☐ La jirafa está contenta.

☐ La jirafa está enfadada.

Solo con los ojos

Lee las palabras de cada etiqueta de un solo golpe de vista.

No nos dejan   entrar en la   Ciudad Prohibida.

Queremos trabajar   para el emperador.

Queremos protegerlo.   Pero lo   hemos perdido.

➡ **¿A quién han perdido?**

_____

Lee cada pareja fijando la vista en el punto central.
Repítelo varias veces.

carta ● lupa	rumor ● error	cuervo ● acuerdo
mil ● ala	muro ● lupa	ayuda ● verdad

➡ **¿Qué palabra está dos veces?**

_____

Rodea con un círculo rojo las letras O y con un círculo azul las letras A.

La segunda muralla más conocida de China es la de la Ciudad Prohibida, donde vive el emperador.

La Gran Muralla China

Lee esta información y, después, realiza las actividades.

GRAN MURALLA CHINA

- Es una de las estructuras más grandes del mundo.
- Se construyó para defenderse de los invasores.
- Tiene torres de vigilancia.

- Mide más de 20000 kilómetros.
- Tiene una altura de 7 metros.
- Dentro tiene cuarteles para los soldados.

- Ha sido declarada Patrimonio de la Humanidad.
- Ahora solo funciona como atractivo para los turistas.

→ **¿Para qué se construyó la Gran Muralla China?**

☐ Para viajar más rápido.   ☐ Para defenderse de los invasores.

☐ Para decorar la frontera.   ☐ Para que la visiten los turistas.

→ **Contesta estas preguntas sobre la Gran Muralla China.**

- ¿Cuánto mide?

- ¿Cómo ha sido declarada?

- ¿De qué son sus torres?

- ¿A qué se dedica ahora?

¡Empezamos!

Lee el **capítulo 2** y, después, realiza las actividades.

→ Ordena la historia numerando las viñetas del 1 al 4.

→ Inventa un título para esta historieta.

→ ¿Qué harías tú si te encuentras con una cacatúa que no para de hablar?

Juega con las palabras

Colorea el borde de la imagen que explica la palabra.

MONTAÑA

ÁRBOL

CACATÚA

LUPA

HUELLAS

➡ **Completa con dos de las palabras anteriores.**

• Descubrí muchas _____ de animales.

• La _____ no paraba de hablar.

Elige la palabra

Colorea el cartel con la opción correcta.

La cacatúa sabía / sabían hablar.

El lobo tendrán / tenía una lupa.

La ciudad han / había desaparecido.

Idea principal

Señala la frase que piensan Lupas y Nanai.

☐ ¡Vaya! ¡Qué callada está!

☐ ¡Madre mía! ¡Cómo habla!

☐ ¡Qué cacatúa más maja!

Letras repetidas

¿Qué letra se repite? ¿Cuántas veces?

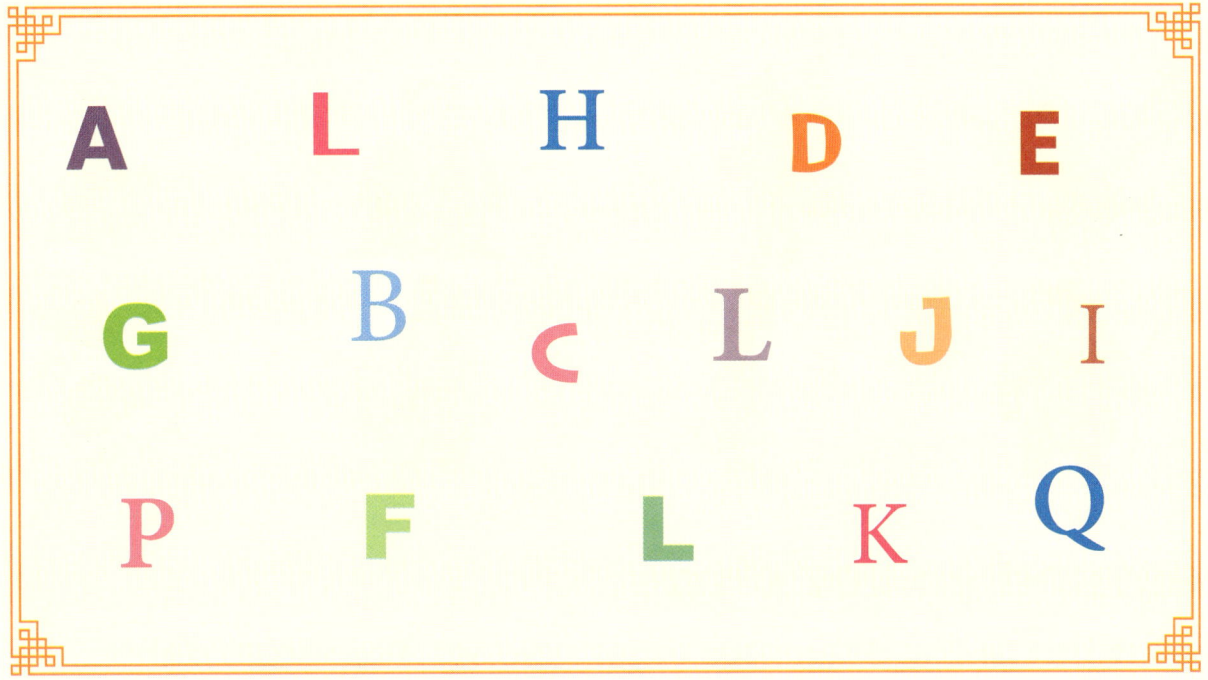

A L H D E

G B C L J I

P F L K Q

La letra [ ] se repite [ ] veces.

Atención a los detalles

Observa los detalles de este dibujo. Cuando creas que te has fijado lo suficiente, pasa la página.

¿Te acuerdas?

Rodea los cuatro personajes que estaban en el dibujo de la actividad anterior.

Lectura en voz alta

Lee las frases con diferentes entonaciones. Prepáralo antes.

¿Están todos, Nanai?

¿Están todos? ¡Nanai!

¡Están todos, Nanai!

¡Están todos! ¿Nanai?

AUTOEVALUACIÓN

Valora tu entonación en la lectura:

| ¡Tengo que mejorar! | Suficiente | Bien | ¡Muy bien! |

Siluetas

Une cada palabra con su silueta.

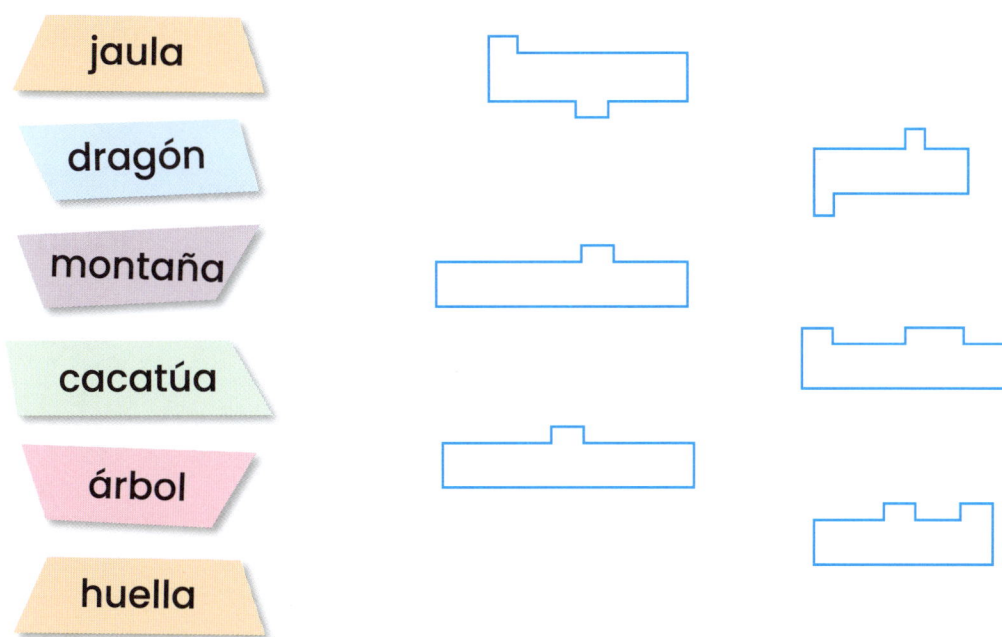

jaula

dragón

montaña

cacatúa

árbol

huella

Numera las cacatúas

Lee las indicaciones con mucha atención y, después, numera las cacatúas del 1 al 4.

- La cacatúa 1 tiene la cresta amarilla.
- La cacatúa 2 tiene el pico amarillo.
- La cacatúa 3 es de color naranja.
- La cacatúa 4 tiene el pico rojo.

Solo con los ojos

Lee las palabras de cada etiqueta de un solo golpe de vista.

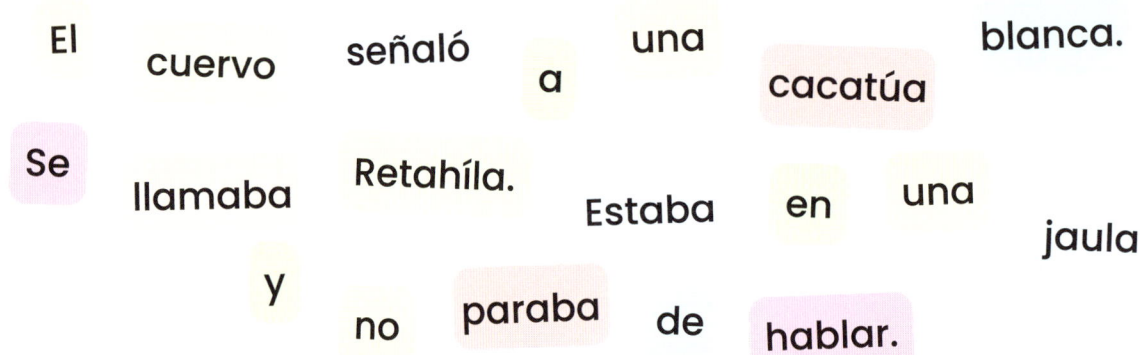

El cuervo señaló a una blanca. cacatúa

Se llamaba Retahíla. Estaba en una jaula

y no paraba de hablar.

➜ ¿Dónde estaba la cacatúa?

Lee cada pareja fijando la vista en el punto central.
Repítelo varias veces.

árbol ● color		nido ● nudo		lugar ● grave	
jefa ● pico		nada ● pico		gallo ● mono	

➜ ¿Qué palabra aparece dos veces?

¿Qué palabra no se repite? Rodéala.

CERDO   CONEJO   CERDO

TIGRE   MONO   TIGRE

                              BUEY

CONEJO

         DRAGÓN

                    CABRA

CABRA   BUEY   MONO

 **La cacatúa**

Observa la ficha de la cacatúa.

La cacatúa

Tamaño: entre 25 y 35 cm.

Peso: entre 80 y 90 g.

Plumaje: de color gris. Tiene un cresta amarilla y una larga cola.

Nutrición: frugívora. Principalmente se alimenta de frutos.

Locomoción: vuelo.

Reproducción: una vez al año. La hembra pone de 4 a 7 huevos.

→ **¿Qué significa frugívora?**

☐ Que come de todo.

☐ Que se alimenta de frutos.

☐ Que vive en zonas muy frías.

→ **Contesta estas preguntas sobre la cacatúa.**

- ¿Cuánto pesa?

- ¿Cuántos huevos pone la hembra?

- ¿Cómo son sus plumas?

→ **¿Qué información de la ficha te parece más importante? ¿Por qué?**

Organizo las ideas

Lee el texto.

En la historia aparecen una jirafa, un lobo y una cacatúa.

➜ **Completa el gráfico con el dibujo que falta.**

➜ **Completa el gráfico con el dibujo que falta.**

➜ **Completa el texto con la palabra que falta.**

La cacatúa come semillas, verduras y _____

Escucho y comprendo

Escucha con atención el texto que va a leer el profesor o la profesora. Después, contesta a las preguntas.

➜ **¿Quiénes estaban sobre una piedra alta?**

➜ **¿Cómo llamaron al murciélago?**

☐ Mur.   ☐ Murci.   ☐ Lago.   ☐ Murcia.

➜ **¿Cómo se sintió la cacatúa cuando la llamaron «Caca»?**

➜ **¿Cómo terminaron llamando a la cacatúa?**

☐ Catu.   ☐ ¡Úa!   ☐ Túa.   ☐ Tía.

➜ **¿Quién tranquilizó a la cacatúa?**

➜ **Inventa un título para la historia que acabas de escuchar.**

¡Empezamos!

Lee el **capítulo 3** y, después, realiza la actividad.

➡ **Rodea con un círculo la respuesta correcta.**

1. ¿Con quiénes iban Lupas y Nanai?

2. ¿Cómo era el quilin?

3. ¿Qué tienen que encontrar Lupas y Nanai?

4. ¿Cómo es la escalera para llegar al palacio?

Juega con las palabras

Une cada palabra con su dibujo.

12

CUERNOS

PIEDRA

LEÓN

PEZ

DOCE

PÁJARO

➡ **Completa con las palabras del ejercicio anterior.**

- Tenía unos _____ como los ciervos.

- El _____ volaba muy alto.

- Conté hasta _____ antes de empezar.

- El _____ nadaba rápido en el río.

- Nunca había oído un rugido como el de ese _____ .

- La _____ era muy pesada para moverla.

Encaja las piezas

Une las sílabas para formar las palabras.

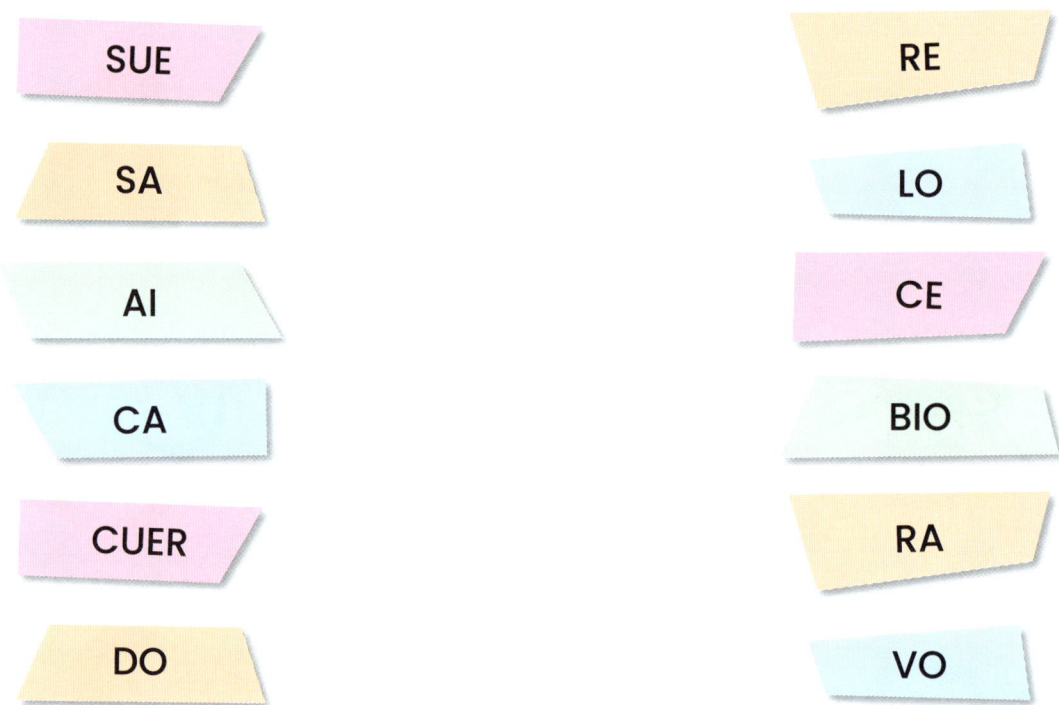

SUE

RE

SA

LO

AI

CE

CA

BIO

CUER

RA

DO

VO

El título

¿Qué título explica mejor el dibujo?

☐ Lupas sube en globo.

☐ Lupas sube por la escalera de pájaros.

☐ Lupas sube en ascensor.

¿Cuántas veces?

Cuenta las veces que están las letras indicadas abajo.

CUMBRE   PIEDRA   LEÓN

ESCALERA   PEZ

CUERNO   EMPERADOR

SONRISA

CUERVO   PÁJARO

Letra P: [   ]   Letra B: [   ]   Letra A: [   ]   Letra O: [   ]

Busca y encuentra

Tacha los nombres que no están dibujados.

paraguas	cartera
sombrero	gafas de sol
pinturas	móvil
patinete	reloj

➜ Fíjate bien en el dibujo y pasa la página.

 ¿Te acuerdas?

Señala las dos opciones que son verdaderas.

- ☐ Nanai lleva un móvil.
- ☐ Nanai tiene un paraguas.
- ☐ Nanai lleva gafas de sol.
- ☐ Nanai toca la flauta.

Lectura en voz alta

Lee las frases subiendo o bajando el volumen de la voz según el tamaño de las letras.

¿Lo sabías? ¡Soy un desastre!

¡Una escalera! ¡De pájaros!

¡Viven en el último palacio!

AUTOEVALUACIÓN

¿Utilizas un volumen adecuado para que todos puedan escucharte?

| ¡Nunca! | A veces | Siempre |

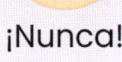

Palabras repetidas

Señala las palabras que se repiten en cada columna.

cuervo	título
escamas	sonrisa
pezuñas	animal
cuernos	sonrisa
cuervo	consejo
ciervo	palacio

Pinta el camino

Lee las indicaciones con mucha atención y colorea cada camino que les lleva hasta el palacio.

Colorea de...

rojo el camino de Nanai.

verde el camino del cuervo.

amarillo el camino de Lupas.

Solo con los ojos

Lee las palabras de cada etiqueta de un solo golpe de vista.

El   quilin   tenía   unas   pezuñas   **doradas**

a   **juego**   con   sus   cuernos,   también   dorados,

parecidos   a   los   **de**   un   **ciervo.**

➜ **¿Cómo tenía el quilin los cuernos?**

☐ Como los de un toro.   ☐ Como los de un caracol.

☐ Como los de un ciervo.   ☐ Como los de una cabra.

Lee cada pareja fijando la vista en el punto central.
Repítelo varias veces.

piel ● pez	cuerno ● ciervo	sonrisa ● piedra
cumbre ● piedra	consejo ● acuerdo	título ● palacio

➜ **¿Qué palabra aparece dos veces?**

_____

Señala el número de veces que se repite la primera palabra.

doce	roce ● doce ● dote ● poco ● doce ● vive ● dale ● doce ● goce ● dice ● roce ● doce ● pace ● doce ● dote	☐
cara	vara ● rara ● cara ● tara ● cara ● sara ● cara ● cava ● cara ● caja ● cara ● casa ● cara ● capa	☐
lobo	lobo ● robo ● lomo ● lobo ● coco ● lobo ● lodo ● bobo ● loba ● lobo ● lobo ● mobo ● lobo ● robo	☐

Una entrada para el Palacio del aire

Lee la entrada al Palacio del aire y, después, realiza las actividades.

PALACIO DEL AIRE
SÁBADO 22 DE AGOSTO

Precio – ADULTOS: 10 euros **NIÑOS:** 5 euros
Acceso gratuito a los jardines del palacio.
Cafetería en la 2.ª planta.
Prohibido entrar con comida.
Horario: de 10 de la mañana a 10 de la noche.

ENTRADA

→ **Señala la frase verdadera.**

☐ Los adultos pagan menos que los niños.

☐ Los niños pagan menos que los adultos.

☐ Los niños y los adultos pagan lo mismo.

→ **¿Dónde está la cafetería?**

☐ 2.ª planta. ☐ 1.ª planta. ☐ Jardín.

→ **¿Para qué día de la semana es la entrada?**

☐ Lunes. ☐ Domingo. ☐ Sábado.

→ **¿A qué hora se acaban las visitas?**

☐ 12 de la mañana. ☐ 10 de la noche. ☐ No cierran.

→ **¿Qué no se puede llevar al interior?**

☐ Comida. ☐ Sombrero. ☐ Libros.

→ **¿Cuánto cuesta visitar los jardines del palacio? ¿Por qué?**

JUEGO 4

¡Empezamos!

Lee el **capítulo 4** y, después, realiza las actividades.

→ **¿Cómo se llama el palacio?**

a De las grullas.

b De las cigüeñas.

c De los gorriones.

→ **¿Qué les mostraron las grullas?**

a Tres criaturas extrañas.

b Cinco bichos horribles.

c Un gran tesoro.

→ **¿Qué les plantearán en cada palacio?**

a Una receta de cocina.

b Un paseo por un laberinto.

c Una pregunta.

→ **Según las grullas, llegar al palacio era...**

a blanco y negro.

b fácil y difícil.

c imposible.

→ **Indica con una cruz las dos frases que son verdaderas.**

☐ El bingfeng apestaba.

☐ El pixiu olía a flores agradables.

☐ El dijiang olía a colonia.

☐ El dijiang era el espíritu.

→ **Relaciona cada criatura con su dibujo.**

BINGFENG   **PIXUI**   **DIJIANG**

Juega con las palabras

Une cada palabra con su dibujo.

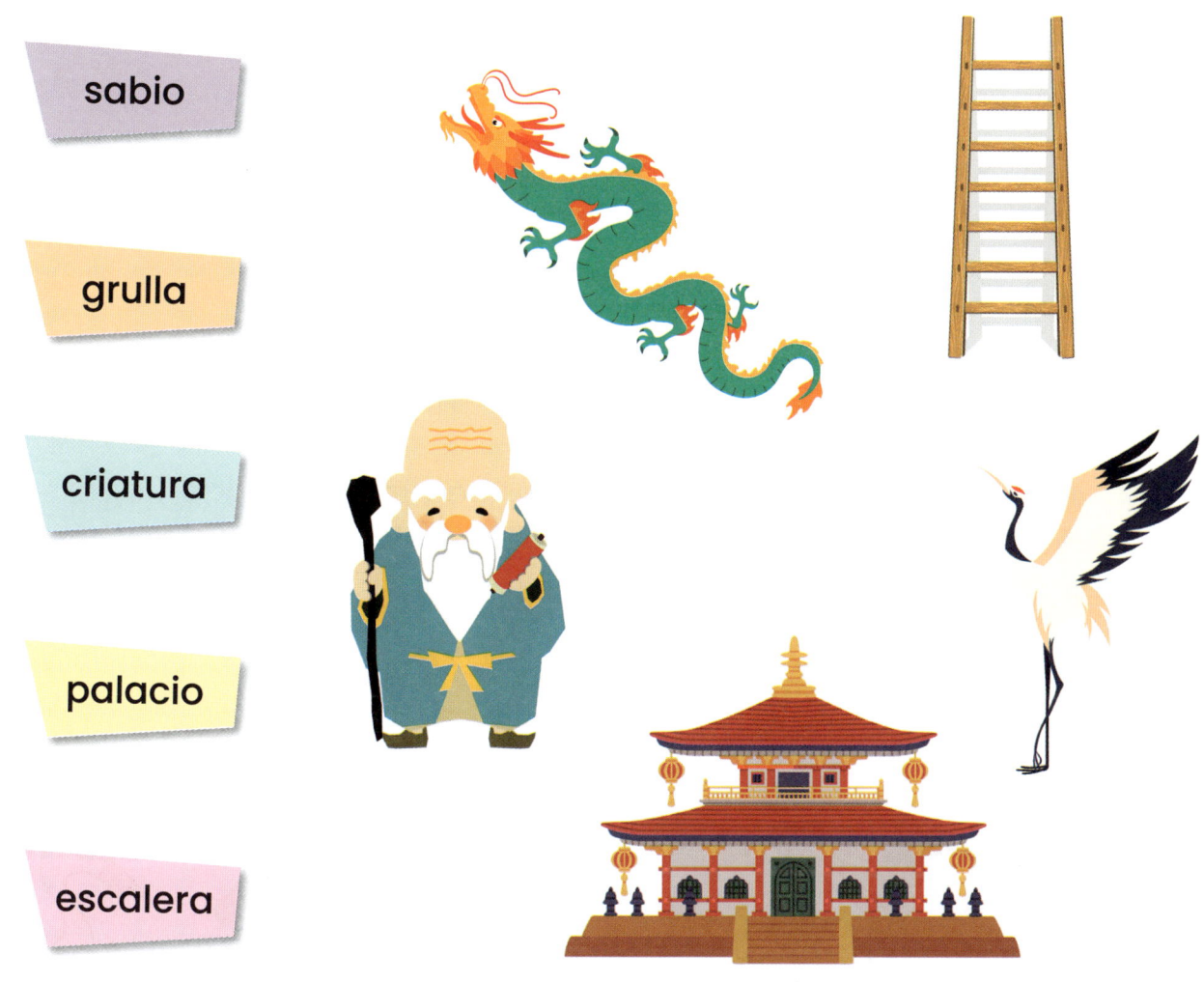

sabio

grulla

criatura

palacio

escalera

➡ **Completa con las palabras del ejercicio anterior.**

• Ser vivo, considerado como fantástico:

• Peldaños para subir y bajar:

• Que posee grandes conocimientos:

• Ave que se sostiene sobre un pie:

• Edificio lujoso donde viven reyes y nobles:

Encaja las piezas

Une las palabras para formar dos frases. Escríbelas debajo.

| Es | grulla | y | señaló. |

| Una | sencillo | los | complicado. |

El título

Relaciona cada viñeta con su título.

Lupas investigando con la lupa.

Lupas hablando con las grullas.

Letra repetida

Fíjate bien en el cuadro y responde.

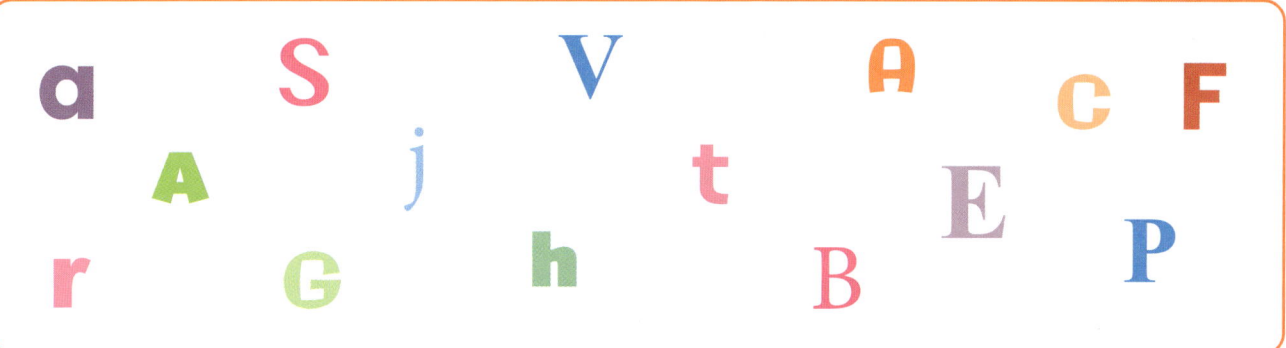

a   S   V   A   c   F
a   A   j   t   E
r   G   h   B   P

- ¿Qué letra se repite?

- ¿Cuántas veces?

Sopa de letras

Encuentra los nombres de los dibujos en la sopa de letras.

G	R	U	L	L	A	G	Y
H	L	E	Ó	N	P	T	A
D	V	C	E	R	D	O	E
J	I	R	A	F	A	P	M
C	O	X	P	E	R	R	O
W	I	Ñ	L	O	B	O	U

→ **Memorízalos y pasa la página.**

31

¿Te acuerdas?

Rodea los seis animales de la actividad anterior.

Lectura en voz alta

Lee el texto en voz alta siguiendo el orden de los números. Prepáralo antes.

4 para estudiar y

5 convertirse en sabios.

2 quilin que

1 Vimos varios

3 acudían a clase

AUTOEVALUACIÓN

¿Te adelantas al texto antes de pronunciarlo?:

¡Nunca!

A veces

Siempre

Palabras y números

Busca las palabras que corresponden a estos números y escríbelas.

clase	15	olor	37
sabio	17	cabeza	81
grulla	92	palacio	73
enigma	18	pico	13
cerdo	27	escalera	95
magia	25	lupa	60

73. _____   25. _____   95. _____

17. _____   13. _____   27. _____

Sigue las pistas

Lee las indicaciones y encuentra el pixiu.

Es dorado y rojo.   Es el más pequeño.

1   2   3   4

El pixiu verdadero es el número: _____

Solo con los ojos

Lee las palabras de cada etiqueta de un solo golpe de vista.

Las   grullas   nos   mostraron   extrañas   criaturas:

un   bingfeng,   un   pixiu   y   un   dijiang.

→ **¿Qué mostraron las grullas?**

→ **¿Qué palabra aparece dos veces?**

Lee cada pareja fijando la vista en el punto central.
Repítelo varias veces.

| sabio ● grulla | grulla ● vista | pico ● raro |
| cerdo ● león | olor ● lupa | clase ● clase |

→ **¿Qué palabra aparece dos veces?**

Fíjate en el código y descifra el mensaje.

→ **¿Qué detecta la lupa?**

1 → L   3 → U   5 → D   7 → S   9 → T

11 → O   13 → I   2 → A   4 → P   6 → E

8 → R   10 → C   12 → N   14 → M

1 2   1 3 4 2   5 6 9 6 10 9 2   1 11 7

11 1 11 8 6 7   5 6   1 11 7   2 12 13 14 2 1 6 7

Una noticia sorprendente

Lee la noticia y, después, realiza las actividades.

UN PIXIU EN LA CIUDAD

La noche del pasado martes, varias personas acudieron a la comisaría de policía asegurando haber visto a un pixiu en un parque cercano a la localidad. Otras muchas también llamaron por teléfono.

Todas coincidieron en describirla como una gran criatura con forma de león y con alas. Si bien algunas le añadían cuernos y solo dos aseguran que la vieron volar.

Hasta ahora no se ha podido comprobar si se trata de una criatura fantástica o de alguna broma de una persona disfrazada.

Las autoridades han recomendado que las personas deben permanecer en sus casas asegurando puertas y ventanas hasta nuevo aviso.

HERALDO DE SHANGHÁI

➡ **Señala la frase verdadera.**

☐ Solo dos personas acudieron a la policía y llamaron por teléfono.

☐ Las personas, al ver a la criatura, llamaron a los bomberos.

☐ Muchas personas acudieron a la policía y llamaron por teléfono.

➡ **¿A qué día se refiere la noticia?**

☐ Domingo. ☐ Martes pasado. ☐ Sábado anterior.

➡ **¿Cuántas personas la vieron volar?**

☐ 22. ☐ 2. ☐ Todos.

➡ **¿Qué periódico publica la noticia?**

☐ Correo de China. ☐ Diario. ☐ Heraldo de Shanghái.

➡ **¿Qué aviso se da para mejorar la seguridad de las personas?**

Organizo las ideas

Lee este texto.

En la historia aparecen una grulla, un león, un cerdo y un dragón.

➡ Completa este gráfico con los dibujos que faltan.

HISTORIA

aparecen

GRULLAS

comen

➡ Completa el texto con las palabras que faltan.

roedores   ranas   lagartijas   caracoles   bayas   semillas

Las grullas comen insectos, plantas acuáticas, _____
y _____.

El sincornio

Escucha con atención el texto que va a leer el profesor o la profesora. Después, contesta a las preguntas.

→ **¿Qué animal es el unicornio?**

→ **¿Qué les sale a los unicornios a los 7 años?**

→ **¿Cómo llamaban al pequeño unicornio?**

☐ Azulcornio.   ☐ Tricornio.   ☐ Sincornio.   ☐ Cornio.

→ **¿Qué se ató a la cabeza el pequeño unicornio?**

→ **¿En qué se convirtió el unicornio?**

☐ En un pato.   ☐ En el rey de todos.   ☐ En una piedra.

→ **Inventa otro título para la historia que acabas de escuchar.**

¡Empezamos!

Lee el capítulo 5 y, después, realiza las actividades.

→ **¿De qué estaba rodeado el palacio?**

a De nubes de tinta.

b De nubes de caramelo.

c De soldados armados.

→ **¿Qué era el palacio?**

a Un gimnasio.

b Una feria de atracciones.

c Una biblioteca.

→ **¿Qué había en las estanterías?**

a Fotos antiguas.

b Muchísimos libros.

c Ordenadores.

→ **¿Qué había en esa zona?**

a Dos bueyes alados.

b Unas cuantas avispas.

c Tres gatos pequeños.

→ **¿Qué colgaba de la pared?**

a Un cuadro enorme.

b Unas cuerdas con anillas.

c Cuatro jamones.

→ **¿Qué no querían los onomatobueyes?**

a Que el búho durmiese tanto.

b Comer salchichas.

c Despertar al búho.

→ **Señala la viñeta que no es verdadera.**

Juega con las palabras

Une cada palabra con su dibujo.

nube

letras

rollo

búho

estantería

buey

→ **Escribe cada palabra en su frase.**

- La ⎯⎯⎯⎯⎯ bailaba en el cielo.

- Los libros estaban llenos de ⎯⎯⎯⎯⎯.

- Un libro en forma de ⎯⎯⎯⎯⎯ servía de escalera.

- Los cuernos del ⎯⎯⎯⎯⎯ eran enormes.

- Las ⎯⎯⎯⎯⎯ estaban llenas de libros.

- El ⎯⎯⎯⎯⎯ tenía los ojos muy grandes.

Siluetas

Une cada palabra con su silueta.

tinta

tormenta

escribir

dibujar

nube

palacio

Idea principal

Une cada dibujo con su título.

¡Se ha despertado!　　¡Tenéis que subir!　　¡Cómo duerme!

¿Cuántas veces?

Busca en el cuadro la respuesta a cada pregunta.

3	2	7
5	6	1
6	8	4

¿Qué número se repite?

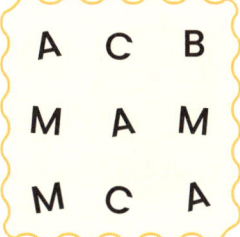

A	C	B
M	A	M
M	C	A

¿Qué letra no se repite?

8	5	3
2	6	2
8	2	6

¿Qué número se repite tres veces?

m	n	m
ñ	n	u
v	ñ	v

¿Qué letra no se repite?

Busca y encuentra

Observa los detalles de este dibujo. Después, pasa la página.

¿Te acuerdas?

Rodea los dibujos que aparecían en la página anterior.

Lectura en voz alta

**Lee el texto en voz alta cambiando los dibujos por palabras.
Prepáralo antes.**

El 🦉 se dirigió a los 📖 con forma de 📜. Se acercó a un 🪟 y los lanzó con todas sus fuerzas hacia ⬆️, entre las ☁️ de tinta que rodeaban el 🏯.

Y la tercera 🪜 que usamos fue esta.

AUTOEVALUACIÓN

Cuando lees, ¿prestas atención?

| ¡Glup! ¡Nunca! | Casi nunca | En varias ocasiones |

Sigue la flecha

Une las letra que hay en las puntas de cada estrella y forma una palabra.

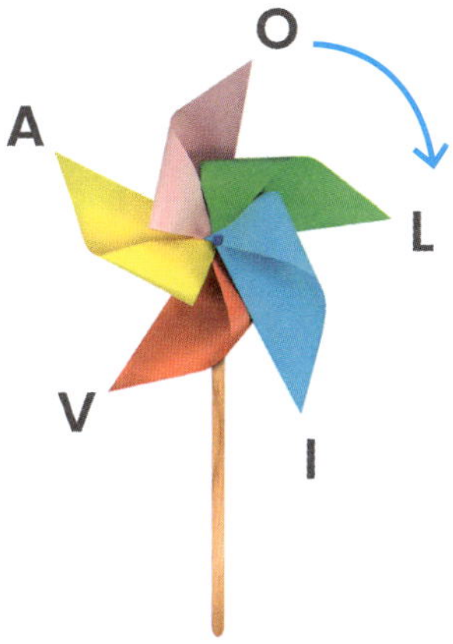

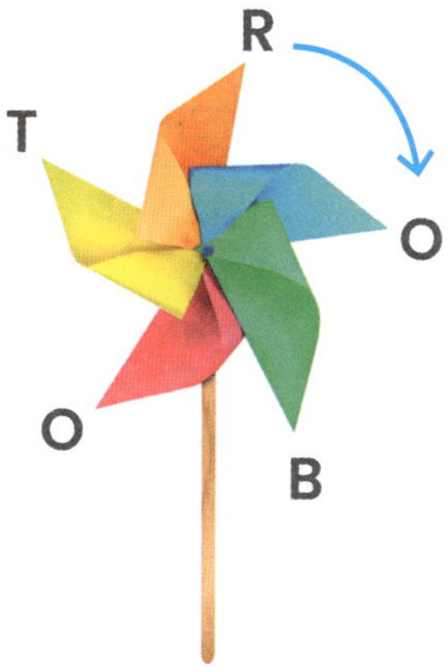

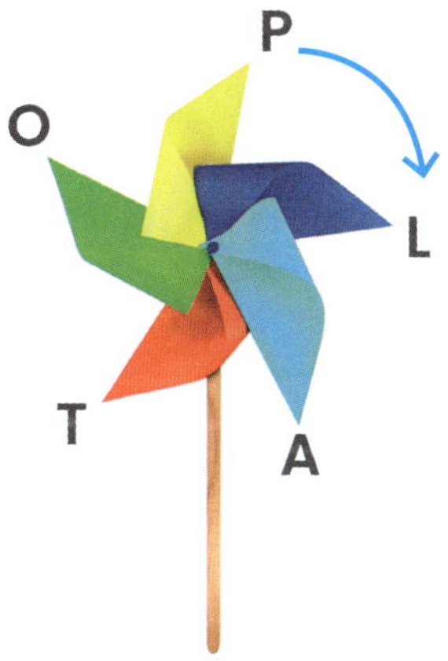

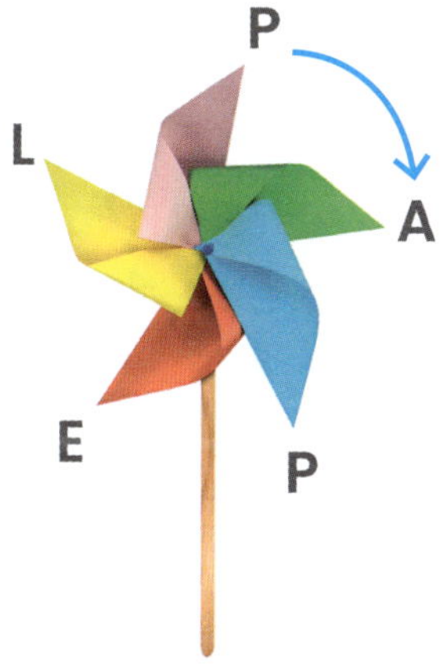

S
O
U
T
S

O
A
L
V
I

R
T
O
O
B

P
O
L
T
A

P
L
A
E
P

De colores

Lee las indicaciones y colorea:

- De verde, los libros pequeños.

- De azul, los libros grandes.

- De rojo, los pergaminos.

- De amarillo, la estantería.

Solo con los ojos

Lee las palabras de cada etiqueta de un solo golpe de vista.

Desde el suelo hasta el techo había estanterías

llenas de muchísimos libros.

➡ **¿Qué había desde el suelo hasta el techo?**

Lee cada pareja fijando la vista en el punto central.
Repítelo varias veces.

techo ● nube	aro ● aire	tinta ● falta
libro ● tinta	cara ● seda	rollo ● ruido

➡ **¿Qué palabra aparece dos veces?**

Rodea las cinco palabras de más de tres letras que se repiten en el segundo texto.

¡Por fin habíamos llegado al último palacio del aire! Junto al palacio estaba el Árbol de los Nudos, la ciudad de los guerreros cuervo.

El palacio era enorme, lleno de aire que olía a flores. Desde la Gran Ventana de los Nudos, se veía la ciudad, y a los guerreros que la protegían.

Las normas de la biblioteca

Lee este cartel y, después, realiza las actividades.

NORMAS DE LA BIBLIOTECA

1. Habla en voz baja.
2. No comas ni bebas.
3. Procura no molestar al salir o entrar.
4. Deja los libros leídos en el mostrador.
5. No uses el móvil.
6. Lleva siempre tu carnet personal.
7. Cuida los libros.

➡ **Señala la oración verdadera.**

☐ El carnet solo se necesita para devolver libros.

☐ El carnet hay que llevarlo siempre.

☐ El carnet es solo para llevarse libros.

➡ **¿Qué puedes comer en la biblioteca?**

☐ Bocadillos.   ☐ Solo dulces.   ☐ Nada.

➡ **¿Dónde se dejan los libros?**

☐ Mostrador.   ☐ Mesa.   ☐ En cualquier estantería.

➡ **¿Cómo se habla?**

☐ Normal.   ☐ En voz baja.   ☐ Gritando.

➡ **¿Qué debes hacer al salir o entrar?**

☐ Avisar de tu llegada.   ☐ Saludar a todos.   ☐ No molestar.

➡ **¿Qué norma te parece más importante?**

_____

_____

¡Empezamos!

Lee el **capítulo 6** y, después, realiza las actividades.

→ **¿Qué estaba junto al palacio?**

a El Árbol de los Nudos.

b El Árbol de los Deseos.

c El Árbol de Navidad.

→ **¿Cuántos animales había?**

a Dos.

b Treinta.

c Doce.

→ **¿Qué les preguntaron los animales?**

a ¿En qué día?

b ¿A qué hora?

c ¿En qué mes?

→ **¿De qué color era el palacio?**

a Verde.

b Rojo.

c Blanco.

→ **¿Qué eran los animales?**

a Un reloj.

b Un calendario.

c Un ventilador.

→ **¿A qué hora liberan al emperador?**

a A las once.

b A las seis.

c A las doce y media.

→ **Rodea los personajes de la historia por los que sientas más simpatía.**

Juega con las palabras

Escribe cada palabra en la etiqueta de su dibujo.

CALLAR

ESCUCHAR

OLER

FOTOGRAFIAR

SEÑALAR

VOLAR

➜ **Une con flechas cada palabra con su significado.**

• Prestar atención a lo que se oye.

• No hablar. Guardar silencio.

• Indicar con el dedo.

• Moverse en el aire.

• Hacer una fotografía.

• Percibir olores.

CALLAR

ESCUCHAR

OLER

FOTOGRAFIAR

SEÑALAR

VOLAR

Un poco de orden

Señala con una cruz las frases correctas.

☐ animales Dentro doce había.

☐ una Solo respuesta tenemos.

☐ había animales doce Dentro.

☐ Solo tenemos una respuesta.

☐ Dentro había doce animales.

☐ tenemos respuesta Solo una.

El título

De los siguientes pies de foto, escribe el más adecuado debajo de cada imagen.

Nanai busca con las lupas.

La rata mira el reloj.

La rata mira un cuadro.

Nanai llama por teléfono.

Solo con los ojos

Busca en el cuadro la respuesta a cada pregunta.

C G D
D M G
C M P

¿Qué letra no se repite?

_____

E U E
I E A
A I U

¿Qué vocal falta?

_____

4 2 5
3 5 6
7 9 1

¿Qué número del 1 al 9 falta?

_____

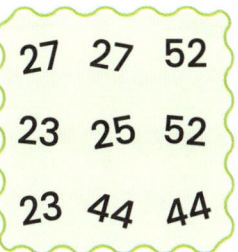

27 27 52
23 25 52
23 44 44

¿Qué número no se repite?

_____

Busca y encuentra

Fíjate bien en el dibujo encuentra los animales del recuadro. Rodéalos.

mono	gallo
conejo	tigre
rata	cabra

 # ¿Te acuerdas?

Rodea los dibujos que aparecían en la página anterior.

¿Cómo pronuncias?

Lee en voz alta este trabalenguas. Prepáralo antes.

Tengo un reloj
desenrelojado.
El desenrelojador
que desenreloje
mi pobre reloj
buen desenrelojador
será.

AUTOEVALUACIÓN

¿Cuidas la pronunciación cuando lees en voz alta?:

 ¡Nunca!

 A veces

 Siempre

Mensaje secreto

Descubre el mensaje escribiendo la primera letra de cada dibujo en su casilla.

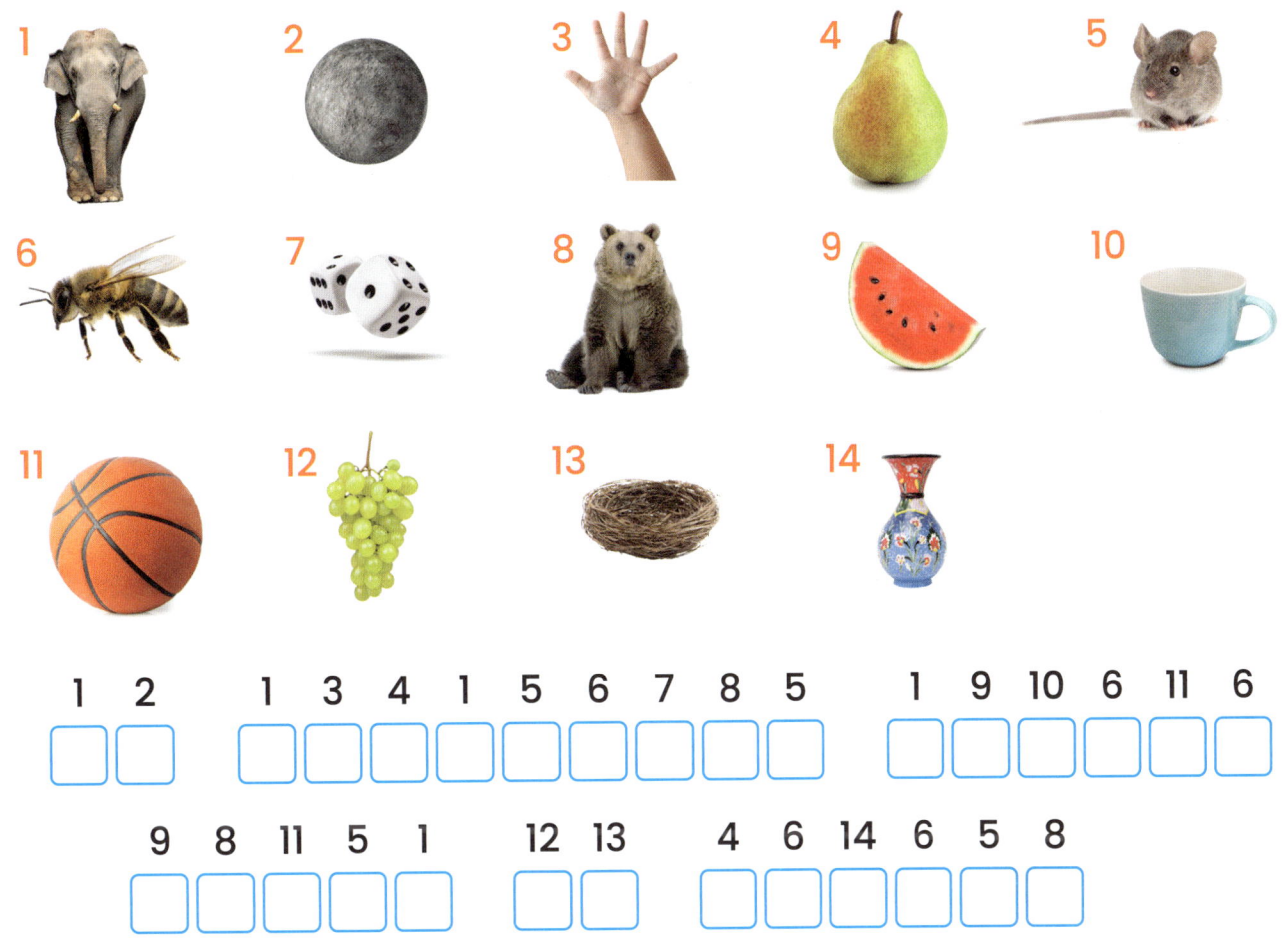

1 2   1 3 4 1 5 6 7 8 5   1 9 10 6 11 6
☐ ☐   ☐ ☐ ☐ ☐ ☐ ☐ ☐ ☐ ☐   ☐ ☐ ☐ ☐ ☐ ☐

9 8 11 5 1   12 13   4 6 14 6 5 8
☐ ☐ ☐ ☐ ☐   ☐ ☐   ☐ ☐ ☐ ☐ ☐ ☐

¿Cómo es el reloj?

Lee las indicaciones con mucha atención y señala el reloj que se describe.

La esfera es de color verde.

Es redondo.

Tiene la correa azul.

Solo con los ojos

Lee las palabras de cada etiqueta de un solo golpe de vista.

Llevó al emperador al interior de la Ciudad Prohibida y devolvió el Árbol de los Nudos.

→ ¿A dónde llevó al emperador?

Lee cada pareja fijando la vista en el punto central.
Repítelo varias veces.

| boca ● hora | reloj ● razón | reloj ● rata |
| mono ● gallo | cosa ● rosa | lupa ● jefe |

→ ¿Qué palabra aparece dos veces?

Señala las palabras que se repiten en cada columna.

palacio	fácil
reloj	lugar
dragón	hora
palacio	aguja
redondo	hora
círculo	seis

Un catálogo de relojes

Observa el catálogo y, después, realiza las actividades.

RELOJ ANALÓGICO

Resistente al agua.
Funciona con el movimiento.
Calendario en la esfera.

90 euros

RELOJ DIGITAL

Resistente al agua.
Funciona con pilas.
Luz LED y alarma.

17 euros

RELOJ INTELIGENTE

Funciona con batería recargable.
Calcula el rendimiento deportivo.
Resistente al agua.
Pantalla táctil.

70 euros

→ **Señala la opción correcta.**

☐ El reloj inteligente no se puede mojar.

☐ Los tres relojes son resistentes al agua.

☐ Solo el inteligente y el digital resisten el agua.

→ **¿Cuál tiene la pantalla táctil?**

☐ Analógico.   ☐ Digital.   ☐ Inteligente.

→ **¿Qué reloj funciona con electricidad?**

☐ Analógico.   ☐ Digital.   ☐ Inteligente.

→ **¿Cuál es más barato?**

☐ Analógico.   ☐ Digital.   ☐ Inteligente.

→ **¿Cuál tiene más funciones?**

☐ Analógico.   ☐ Digital.   ☐ Inteligente.

→ **¿Qué reloj de los tres te comprarías? ¿Por qué?**

Organizo las ideas

Lee este texto.

Hay relojes analógicos, digitales, otros que están en las torres y los que funcionan con el sol.

➡ **Completa los dibujos que faltan en el gráfico.**

RELOJES

tipos

ANIMALES

grandes

➡ **Completa el texto con las palabras que faltan.**

Los animales del zodiaco más grandes son el buey, el tigre, el _____ y el _____.

El búho que no sabía hablar

Escucha con atención el texto que va a leer el profesor o la profesora. Después, contesta a las preguntas.

➜ **¿Qué contaba el búho?**

☐ Chistes.　　☐ Nunca contaba nada.

☐ Todo lo que ocurría en el bosque.

➜ **Al ver al búho, ¿qué preguntó el león?**

☐ ¿Cuántos búhos hay?　　☐ ¿Qué le pasa en los ojos?

☐ ¿No sabe hablar?

➜ **¿Quién fue a hablar con el búho?**

☐　　　　☐　　　　☐

➜ **¿Cómo se llama el idioma que inventaron los búhos?**

☐ ¡BUH!　　☐ ¡BAH!　　☐ ¡BEH!

➜ **¿Quién fue la profesora de la escuela del BUH?**

☐　　　　☐　　　　☐

➜ **¿Qué consiguieron con el idioma BUH?**

☐ Pasarlo bien.　　☐ Entenderse.　　☐ Aprender a leer.

➜ **Inventa un título para la historia que acabas de escuchar.**

En la realización de esta obra han intervenido:

Asesoría
Carlos Álvarez de Eulate

Edición
Sensi Cuadrado

Maquetación
Carlos Murillo Muñoz

Diseño gráfico
Cristóbal Gutiérrez Camacho y Antonio Sereno Recio

Ilustración
Marina Red Raccoon

Fotografía
123RF y colaboradores e iStock

Los **audios** para «Escucho y Comprendo» (páginas 19, 37 y 55) están disponibles en

Las actividades de este cuaderno, que se basan en el libro *Lupas y Nanai. Un misterio de aire,* de Diego Arboleda, publicado por el Grupo Editorial Bruño, están elaborados de acuerdo con los criterios psicopedagógicos y los requerimientos del Proyecto Editorial de Juegos de Lectura - Lectura Eficaz.
La denominación **Juegos de Lectura - Lectura Eficaz** (distintivo con gráfico) está registrada a nombre de Grupo Editorial Bruño, S. L. (marca M1567099).

© del texto: Grupo Editorial Bruño, S. L., 2025
© de esta edición: Grupo Editorial Bruño, S. L., 2025
    Valentín Beato, 21
    28037 Madrid

ISBN: 978-84-696-3582-7
Depósito legal: M-833-2025

Printed in Spain